Mein Prinz, ich bin das Ghetto

Dinçer Güçyeter

IMPRESSUM

Veröffentlicht im ELIF VERLAG
Alle Rechte vorbehalten

Fünfte Auflage: Februar 2022
Layout: Ihsan San
Porträt: @palagrafie-Metehan Pala
Handschrift: Yılmaz Nazım Güçyeter

Druck: TOTEM Druck
Printed in Germany
ISBN: 978-3-946989-42-4

Vater, Mutter, wohin jetzt mit mir

wohin mit diesen Gedichten

deshalb vielleicht bin ich allen fremd, die von ihrer
Heimat reden deshalb saß ich immer auf der kalten
Stelle der Schwelle deshalb bleibe ich die Beute
des Wildes, des scharfen Zahns ich bin Ödipus, Papa:
Ödipus dein Fohlen, dein Untergang

im Jahr 1983, Deutschland

müde sitzt sie am Küchentisch
ihre Schultern hängen wie eine Seilbrücke
zwischen zwei entschwundenen Heimaten
entfernt die Fäden der grünen Bohnen
als sie meinen Atem in ihrem Nacken spürt, murmelt sie
    - diese blöden Fäden sind wie Lederriemen
in der Stimme meiner Mutter wiehert immer
ein ausgesetztes Fohlen
    - Mama, hast du Zeit, mir was zu zeichnen
    - hole Stift und Papier
im Schmunzeln meiner Mutter bäumt sich immer
ein entlaufenes Fohlen auf
    - wir zeichnen jetzt zwei Kreise, das sind die Räder
      oben einen Buckel, das ist das Dach
      und der alberne Pimmel von deinem Papa, das ist der Auspuff
    - und jetzt machen wir brumm brumm brummm
    - ja, Dinçer, schnall dich an und vergiss deine Chips-Tüte nicht
    - und wohin fahren wir, Mama
    - denke nicht an das Ziel, wir fahren bis der Tank leer ist, brumm brumm
      brummm

das Epos über Hera

sie legte sich unter die Kiefer
und gebar mich
mit meiner Nabelschnur hat man ihr die Augen verbunden
die Nachgeburt floss zwischen den Gräsern
hinunter bis zu unserer Haustür
den Kopf legte sie auf das Elfenbein
den Schmerz betäubte sie mit der Käseschmiere
und lag wie eine verletzte Stute
unter dieser Kiefer

*jede Nacht hat mein Vater seine Frau verlassen / sie wollte ihn jede Nacht vor Wut
zerhacken, er kam zurück, wenn sie schlief / sie schlief, müde, vom Weinen, durch
und durch tief / jede Nacht weint das Radio Heimatlieder / im Bett liege ich, mit
kreidegefressenem Fieber / für eine Lustprobe hat man sie geschwängert, für ein
buntes Kleid, für ein fernes Land, für einen Brautschleier ohne Hochzeit*

sie hat mich geboren, danach begann ihr Tod
nun bin ich die verdammte Frucht ihres verwüsteten Gartens
der Klingenschnitt auf ihrer milchweißen Haut
ich bin es, der Bogen, der Pfeil, das Gericht und der Henker
das Scheitern selbst, der Verrat, das Opfer
die unverständliche Stimme

*jede Nacht kommt sie an mit verbundenen Augen / steigt aus dem Waggon, ver-
liehen dem unbekannten Ziel / jede Nacht schlafen wir mit diesen Akten ein / einer
weint, der andere flüchtet, keiner findet sein Heim / jede Nacht schreibe ich Ge-
dichte, um das Denken zu erwecken / streife vorbei an Gleise, an billigen Bordel-
len, selbstvergessen / weil jede Nacht mein Vater seine Frau verlassen hat / sie woll-
te ihn jede Nacht vor Wut zerhacken / jetzt weiß ich, jeder sollte Angst haben vor
seiner Geburt*

sie hat mich geboren, danach begann ihr Tod
sie trank das dreitausendjährige Gift des Mutterseins
und legte sich unter die Kiefer
ich bin das Elfenbein unter ihrem Nacken
der Wächter unserer Haustür
die Klinge und die Naht ihrer Wunde
ich habe mein Werk vollendet
verzeih mir, Mutter

auch die Steine sterben, das hat uns keiner gesagt, Papa

ich bin Ödipus, Papa, Ödipus
dein Fohlen
öffne die Tür
erlaube mir, über diese Schwelle zu springen
unter meinen Füßen der Staub und die Dornen einer langen Strecke
ich bin der Erdenbrand, der Brautstrauß
erlaube mir über diese Schwelle zu springen
die Füße ins kalte Wasser zu stellen
wie viele Räume hat deine Stimme, Papa
wie viele Räume
erlaube mir, diesen Ehrgeiz abzulegen
lass mich ruhen in einem Bruch deiner Stimme
ich wäre nie reif geworden
hätte ich diesen Vers von Achmatova nie gelesen
du bist mein Sohn, du bist mein Untergang
hätte nie verstanden, diese Abzweige des Wegs
hätte nie gewusst, das Verstehen ist eine Kletterpflanze
die dich zumauert bei jedem Schritt
deshalb vielleicht bin ich allen fremd, die von ihrer Heimat reden
deshalb saß ich immer auf der kalten Stelle der Schwelle
deshalb bleibe ich die Beute
des Wildes, des scharfen Zahns
ich bin Ödipus, Papa, Ödipus
dein Fohlen, dein Untergang
mit einem Hasenkadaver im Mund habe ich auf deinen Tod gewartet
an einem Morgen um 3 Uhr
wurde die Welt zu eng
und gebar mich selbst
habe meine glühende Nabelschnur
mit deinen grauen Brusthaaren durchtrennt
und schlief auf deinen eingeschlafenen Füßen ein
ich bin noch 5
auf deinem Nacken mein warmer Atem
ich bin 40
auf meinem Nacken der warme Atem meines Sohnes
jetzt verrate mir bitte
wie viele Räume hat deine Stimme, Papa
wie viele Räume

Kind, das Märchen hängt hinter der Tür
sei vorsichtig
verbrenne dir nicht die Finger

gacatasaray

Baba seni cok seviyorum

Papa ich lieb

eine Schildkröte mit zwei Erdkugeln im Gesich
küsst mich auf den Mund überlebt ihr Panzer
sie hat den Brand überlebt ...
nichts von uns der Welt ein Blick bleiben
und ein Lied das mit Flipperschlägen eins,
Wals verkorkt wurde

1

das Kind auf meinem Schoß, mit Eishörnchen in der Hand
und roten Lackschuhen ist zu den Koalas geflohen
ich bin geblieben
auf dieser Welt
ich, ein gebrochener Bogen
lausche liegend im Baumschatten
neben einem glühenden Pfeil
einem Waldbrand

gehen, den Weg nehmen, ist keine Flucht, du weißt, zu Hause wird eine
verkrüppelte Mutter die Sehnsucht in die Pfanne schlagen …

halb Mensch, halb Schmetterling
ist die Stimme meiner Mutter
sie reicht mir das Kristallhorn
mit Splittern im Mund
lausche ich liegend ihrem bebenden Lachen
ein Meteor fällt auf ihre Brüste
ich bin der Bastard einer Sure

ein kindgebliebener Vater wird versuchen, seine verstopfte Lunge
wie Legosteine aufeinander zu stapeln
das Wissen bleibt deine Halsschnur …

eine Schildkröte mit zwei Erdkugeln im Gesicht
küsst mich auf den Mund
sie hat den Brand überlebt, ihr Panzer nicht
von uns wird der Welt
ein Blick bleiben
und ein Lied, das mit Flipperschlägen
eines Wals vertont wurde

wer soll der vergewaltigten Frau in der Bruderseele die Salbe auftragen
wer kennt diesen Schmerz wie du?

der Garten der Kindheit
auch er ist ein Verrat
ich reiße hinter Türen ohne Schlösser
die alte Tapete ab, das Notizbuch der Zeit
Handschriften ohne Dächer, verschwommen
die Mauern ohne Fugen
Schlaglöcher, Regale für verabschiedete Gesichter

die Karten für Fähren, für Busse und Züge kannst du kaufen
in der Sammelbox ist noch Platz genug …

auf dem Ast überwacht die Eule unsere Blicke
in seinem Schnabel hängt mein schlafender Penis
sie übernimmt die Rache einer Frau
die mich zu einem Mann erziehen wollte
der Brand nähert sich mit lautem Donner
die Glühwürmchen schalten die Blaulichter ein
zwischen meinen Beinen

sammle, wie ein zungenloses Kind Wörter sammelt
für eine unendliche Tirade, die Tasche bleibt immer offen
in die du deine Nierensteine spuckst …

eine Taube sitzt auf der Straßenleuchte
drei Jungs im Dorf suchen nach ihr
in ihren Hosentaschen die Steinschleuder
das Überleben in dieser Steppe, Dinçer
das Überleben, es ist ein Wunder
halb Mensch, halb Schmetterling
rufe ich nach ausgelöffelten Flüssen

deine Niere spiegelt die Huren des Mittelalters wider
diese Steine sind deine Sündenblüten ...

gelandet in Steinöfen Anatoliens
hier dämmert das Echo des Muezzins
zum Opferfest werden in Küchen die Messer geschliffen
in Steinöfen Anatoliens
bekommen junge Männer das Blut auf die Stirn gestrichen
die Erfüllung der Wünsche kurbeln im Blecheimer
die Kindheit in die Tiefe, das Erwachsenwerden riecht nach feuchter Erde
mein Traum, ein Osterlamm
geflohen vor geschliffenen Messern

erwürgte Knaben verzeichnet deine blätternde Haut, bleibe du, brenne in dieser Gasse, die sieben Hügel von Istanbul brauchen das Wehen deiner Mähne nicht ...

in der Dämmerung habe ich aus dem Fenster
die Teppiche, die Gardinen in den steinigen Hof geworfen
eine Flasche Petroleum auf den Haufen gegossen
eine Zigarette gedreht, die Zigarette angezündet, die Zigarette fallen lassen
das Feuer soll den Fluch vertreiben
daran glauben wir, ich, der Schmetterling, die Schildkröte, das Lamm und der Koala
wird morgen alles vergessen sein?
und werden die Mütter wieder Henna auf die Wimpern ihrer Söhne auftragen?

sieben Küsten am Mittelmeer tropfen die Glut der Trennung ins Meer
sieben Tage schmückt die Woche zu sieben Bräuten
die in der Fremde vor Gürtelschlägen verblühen …

auf den Grabsteinen der Väter hängen ihre Mützen
in Maschinenfett getränkte Mützen
es waren Väter, keine Menschen
Samenspender, Fabrikarbeiter, Bettnässer, Schuldner
bei der Rückkehr vom Friedhof hörst du noch ihre Stimmen
sie bitten um eine Umarmung
eine Umarmung, der Freischein für die Erlösung

gehen, den Weg nehmen, ist keine Flucht
du weißt, zu Hause wird ein Schmetterling in ein Spinnennetz fliegen
das Lamm wird sich auf einem fremden Hof verlaufen …

das Kind auf meinem Schoß, mit Eishörnchen in der Hand
und roten Lackschuhen ist zu den Koalas geflohen
ich bin geblieben
auf dieser Welt
wie ein Fleck, ein Riss, ein Schnitt
wehe wie ein körperloser Flügel in steinigen Höfen
du wirst es in diesen Gedichten lesen
ich habe den Brand überlebt, mein Panzer nicht

wie mit Peitschen gezähmte Pferde, so bäumst du hier dein Bleiben auf
mit einem Futterbeutel am Hals gegen die Ferne …

wir haben der Unendlichkeit mehr geglaubt
als der befristeten Zeit. Vielleicht ware
auch richtig so, wer weiß. Der Warheit
ins Gesicht ~~~~~~~~~~~ schauen, ist schwieriger als
den Salzsack auf den Gipfel des Berges
zu tragen. Vielleicht deswegen sah ich
unser Leben wie ein erfundenes Märchen,
nicht um die Warheit zu gründen, Warheit zu gründen,
nein um das Leben erträglichen
zu machen

Anam Götürcen.

M. Ali PASAPortu

Cikardiverecek. o biliyor

250, lira Galan giden

Selamen

ein Brief, nach 35 Jahren

warte, bis ich deine Socken gestopft habe, deine Kartoffeln werden nass!
nein, Oma, nein, mein Brieffreund, der Seedrache wartet auf mich
heute will er mir sein Geheimnis verraten
bitte bitte, dieses Wunder darf ich nicht verpassen
egal, ob Frost auf die Felder fällt
die Welt sich nach Westen dreht
oder war es die Sonne, nein,
die sitzt doch im Aufzug, nach Lust und Laune
drückt sie den Knopf, rauf und runter geht sie
rauf und runter, wie Mama schimpft, alle bekloppt!
bei Sonnenuntergang wollen wir uns im Schloss
des Elefantenprinzen treffen, er ist verrückt nach deinen
Hefetaschen, Oma, ich stecke 3 Stück in die Hosentasche
dein Herz ist doch aus Lammwolle, du bist doch einverstanden?
nein? in Ordnung, dann nehme ich nur 3
du sagst doch immer, das Futter im Mund gehört allen Augen
das sagst du doch, Hand aufs Herz oder auf den Koran
ich habe doch deinen Glauben nicht erfunden
bis dann, du barmherzige Medea, bis dann …

tränke die trockene Feige in der lauwarmen Milch
auf der linken Brustseite wird der Orient blühen
diese Flut, dieser Wirbel ist deins, es kommt der Tag
auch der weiteste Felsen wird deine Stimme hören

das Kamel auf der Zigarettenschachtel hat mir den Weg erklärt
mein Gehirn ist fester als jede Landkarte, sagte es, ich glaub's ihm
tue zumindest so, sonst ist die Lilie der Wüste empört
diese Gespräche, sagt es, bleiben ewig unter uns, bleiben unerhört
und wenn mich die angelnden Dinosaurier mit kniehohen Strümpfen
und etwas längeren Unterhosen auf dem Weg wieder zum Lachen bringen
mich von der heiligen Route ablenken
das Windspiel an der Lenkstange hat alles mitgehört
deine Wege sollen immer beleuchtet sein, betete der Onkel für mich
die Gebete eines Ungläubigen gehen schneller in Erfüllung
es stimmt, ich flitze mit kristallisierten Atemzügen, überall Hasenblicke
sie stehen links und rechts, wie bei einer militärischen Zeremonie
ich bin da, stelle das Rad auf die taunasse Wiese
hole tief Luft und spreche laut die Parole, die der Seedrache
mir in seinem letzten Brief verraten hat, die Zugbrücke wird heruntergelassen
mitten im Hof liegt die Picknickdecke der 40 Räuber
und eine zu kleinen Booten geschnittene Wassermelone
höre nur den Gesang der Nachtigall, das Wachsen der
Kletterpflanzen und die Stimme des Onkels, jede Nachtigall ist ein halber Türke
hab keine Angst, Dinçer, du bist jetzt in deinem Ghetto

wie schneidig der Wind auch ist
senke deine Wimpern nie auf den Glanz deiner Augen
es gab Tage, an denen du die Melone vierteltest
und an der Frucht mit Kindeslust geknabbert hast

hey, du! hier liegt ein Schlüssel, gehört er dir
ruft mir ein Esel mit verknotetem Schwanz hinterher
nein, Freund
ich verlasse geknickt den Hof des Elefantenprinzen
auf der Wiese empfangen mich die besoffenen Bienen
in ihren Hawaiihemden und mit imitierten Ray-Ban Brillen
ich folge dem Summen bis zu einem Birnenbaum
klettere auf den höchsten Ast und schreibe einen Brief an Mama
der 35 Jahre bis zu seiner Bedeutung brauchen sollte

dieses Märchen wird nie enden, Mutter. seit dreitausend Jahren schweben am selben
Himmel die gleichen Flucht-Geschichten. gleich und wieder einzigartig. alle
wurden im Mörser der Zeit zermalmt und gaben trotzdem nicht auf. wir haben der
Unendlichkeit mehr geglaubt als der befristeten Zeit. vielleicht war es auch richtig
so, wer weiß? der Wahrheit ins Gesicht zu schauen, ist schwieriger als den Salzsack
auf den Gipfel des Berges zu tragen. vielleicht deswegen sah ich unser Leben wie
ein erfundenes Märchen, nicht um die Wahrheit zu leugnen, nein, nur um das Leben
erträglicher zu machen. das habe ich immer gemacht, Mutter. jetzt werde ich
dir ein neues Märchen erzählen. mein Samen hat ein Nest gefunden, hat dort Wurzeln
geschlagen, siehst du, wie die Knospen gedeihen. jetzt will ich dir ein neues Märchen
erzählen, mit der Stimme meiner Tochter, hör mir bitte zu, Mutter …

dein Lächeln flatterte wie Seide vor dem Meer
in Abendstunden sang die Nachtigall aus deiner Feder
doch wie der schwere Mahlstein seiner Achse fliehen kann
so bleibt von jedem Feuer die kalte Asche übrig

papa ist heimgekehrt ruft mein Bruder unter dem Baum
in seiner Stimme dreht sich ein Karussell
ich stecke die Kratzspuren und die gefrorenen Kartoffeln
das nicht eingehaltene Wort, dieses weltfremde Warten
die Glasmurmeln, den angehaltenen Blick in die Hosentaschen
klettere vom Birnenbaum hinunter, renne die gottlose Strecke nach Hause
der hinkende Esel mir hinterher, wir rennen durch die weiten Pfützen
durch Ozeane, zwischen Zigeunerzelten, zwischen Kontinenten
über den Sandhaufen, über die Berge, die Arbeitsschürze meiner Mutter
wird unser Fallschirm, landen auf dem Äquator, in dem verwüsteten Garten
stehen vor dem Haus, ohne Tür, ohne Stimmen, ein Haus nur aus Konturen

lass dein Gesicht nicht hängen wie die Haustürglocke
eines unbewohnten Hauses, nicht nur du bist es
der seine Suppe in kleinen Pfannen aufwärmen muss
die Zimmer der Sprache stehen genauso im scharfen Durchzug

nach 35 Jahren antwortete Mama auf meinen Brief
Dinçer, ich habe in der Nacht im Telefonbuch die Namen der Verstorbenen durchgestrichen
es sieht jetzt aus, wie das geerntete Feld; wenn du in die Stadt läufst
kauf mir ein neues Telefonbuch, es muss gar nicht mehr so dick und teuer sein

Papa bestellt mir zum Trost eine helle
Cola diskutiert mit anderen Papas
eine halbe Stunde über Gott und den
Himmel gemeinsam ziehen sie die
Welt aus dem Dreck, stehen auf und
bringen ihre Mini-Mönche zu ihren
Müttern

Heimgeführt ins Vergessen
das Gast-Gespräch unsrer
langsamen Augen
Paul Celan

5 Image-Error Texte mit gebrochenen Untertiteln

Holiday Moliday

Dincer, hol die Säcke mit Aldi-Nußknackern und Shampooflaschen aus dem Bus
rief die Cleopatra 5 Minuten nach unserer Ankunft
die Leute werden gleich vor der Tür stehen, diese Nimmersattsippe!
diese Aldi-Nussknacker und die Shampooflaschen waren
der 2. Solidäritätszuschlag, den man auf ihrem Lohnschein nicht sah
vor 30 Jahren war sie die Schaufel, die den Weg nach Deutschland frei machte
es war nicht genug
die Sippe dachte auch nach Jahren noch, dass ihr ein Teil ihres Verdienstes zusteht
über die 3 Schichten Fabrikarbeit wollte keiner etwas hören
beim Verteilen der Tüten sah ich in einer Hälfte ihres Gesichts
das Skalpell, die Sauerstoffflaschen, das Anästhesiegerät, die Kompressen
in der anderen Hälfte
den Reifrock, den goldenen Stuhl, die edle Krone; eine Karnevalsprinzessin

die Klage des Pimmels

ich sah den Kölner Dom und rief *tschööööös Deutschland*
nach dieser Reise bist du ein richtiger Mann sagte mir der Onkel
durch 5 Länder, nach 3 Tagen&Nächten fuhr Papa den VW-Bus auf den Hof
am nächsten Tag desinfizierte Mutter das verstaubte Haus
am 2. Tag wurden 2 Kühe geliefert
am 3. Tag der Reis, das Gemüse und die Melonen
am 4. Tag kaufte man mir den weißen Anzug und die goldene Krone
am 5. Tag kehrte&schrubbte Mama den Hof
am 6. Tag (in den Morgenstunden) wurden die Kühe geschlachtet&zerlegt
am 6. Tag (in den Abendstunden) wurden im Hof die großen Kessel aufs Feuer gestellt
am 7. Tag gab es im Hof eine Fressorgie
am 8. Tag kamen der Hodscha&der Viehdoktor
wenn du uns jetzt deinen Motor zeigst,
kauf ich dir das ferngesteuerte Auto, sagte mir der Onkel
glücklich zeigte ich den drei Männern meinen Pimmel
der Onkel hielt mich fest, der Hodscha jaulte ein Gebet
der Viehdoktor nahm die Klinge aus der Tasche
ich will das scheißferngesteuerte Autooooo nicht, brüllte ich zappelnd
und zack war das Gewand weg!
am 9. Tag platzte die Naht, auf dem weißen Laken blühten Nelken auf
am 10. Tag wurde ich erneut geflickt
…
nach vier Wochen die Rückreise, ich als richtiger Mann, mit einem krummen Pimmel
der Orthopäde in Deutschland nahm noch eine Restaurierung vor
…
ab und zu frage ich meinen Pimmel, ob er noch unter einem Trauma leidet
alles gut, Dinçer antwortet er, *wichtig war doch*
dass aus dem Jungen ein richtiger Mann wurde
nur, wenn es noch einmal zu einer Schönheits-OP kommen sollte
müssen wir unbedingt über eine Botoxbehandlung reden
dann sitzt alles korrekt

die Mini-Mönche

Yılmaaaaaaaz! bring du das Kind zum Friseur, morgen ist Zuckerfest
so hat die Cleopatra des Hauses befohlen
und schon saß ich mit Papa und mit anderen Papas&Söhnen in einem
Trimmsalon in der von Bergen umrahmten Provinz Anatoliens
ich will die Haare wie Jackie Chan, sage ich zum Onkel Friseur
die Asche seiner Kippe ist fingerlang
jawohl, das kriegen wir doch locker hin röchelt er
und nimmt den mit Handhebel angetriebenen Clipper
rast damit 3 Minuten auf meinem Schädel hin und her
aber so sieht Jackie doch nicht aus
die Tränen auf meinen Wangen sind flusslang
junge, richtige Männer heulen nicht. das hier ist das neunundachtziger Modell
Jackie ist ein altmodischer deutscher Hund
Papa bestellt mir zum Trost eine helle Cola
diskutiert mit anderen Papas eine halbe Stunde über Gott und den Himmel
gemeinsam ziehen sie die Welt aus dem Dreck, stehen auf
und bringen ihre Mini-Mönche zu ihren Müttern

Blubber-Girls

ich, Bruder, Mama, die 6 Tanten und die beiden Omis sitzen
in der halbwegs rollenden Karosserie
Papa fährt uns alle durch die vereinsamten Dörfer zu einem Thermalbad
am Rücken des Bergs
das heilende Wasser soll dem zusammengeschraubten Körper meiner Mutter guttun
eines der Kinder wird hier bleiben, es kann die Handtücher bereithalten
und den Einkauf erledigen
die Cleopatra will es so
der Bruder wehrt sich, ich bleibe
die Zeit verbringe ich mit den Blubber-Mädels
die Warzen zwischen den Schenkeln
die Pobacken unter den Fersen
nach 5 Tagen kommen Papa&Bruder mit der halbwegs rollenden Karosserie
und fahren Mama, die 6 Tanten, die beiden Omis
und den kastrierten Dinçer wieder nach Hause

Knöpfchen Mnöpfchen

zwischen 20 anderen Terrassen kocht das Wasser in der Blechkanne
auf unserer Terrasse auf dem Hockerkocher
die Cleopatra des Hauses holt die Wanne aus der Getreidekammer
mischt das Gekochte mit kaltem Brunnenwasser
zieht mich aus und trägt die zappelnden Beine in die Wanne
auf anderen Terrassen ziehen die Frauen
den Faden mit Stopfnadel durch die ausgeschabten Auberginen
meine Hände, gekreuzt auf dem Knöpfchen
seht mal, das deutsche Kind wird in Milch und Honig gewaschen
kichert eine, dann kichern alle, dann die ganze Welt
am Abend hängen aufgefädelte Auberginen
und meine Scham zum Trocknen an den Gittern
befestigt mit Wäscheklammern

ich schaue aus dem Fenster
im Garten flüstern die Träume

manchmal kann die Bühne enger sein
als das geteilte Zimmer der Applaus
listiger als das Fuchsauge können
die Bretter dieser Welt unterfüttert
sein mit bitterkalten Gleisen hier
kann das Licht dunkler sein als im
Seitenflügel mit jeder Verbeugung
kannst du den Dorn vom Fleisch verweisen

der Küchentisch

hierhin lege ich das Phantombild meiner Kindheit, einen Pullunder, eine geflickte Hose, ein Hemd mit gekrümmtem Kragen, ein Lächeln (so breit wie Storchenflügel), Oliven ohne Fleisch, Käse nur aus Schimmelschichten, Marmelade ohne Frucht, das halbleere Nutellaglas, die halbvolle Kaffeetasse meiner Mutter, die 20-Pfennig-Münze für das Schulbrötchen, den Schnupftabak (die Vergesslichkeit meines Vaters). es müsste noch mehr passen, hier, auf den Tisch (gestützt mit Bierdeckeln), ich lasse es jetzt, der Rest ist Sache dieses Gedichts

still wie das Wasser / feuerscheu wie das Holz / blieb ich versteckt / im tiefen Brunnen / unter harten Krusten

hierhin lege ich dieses spätpupertierende Fragment, für dich, dir lege ich eine Jugend in den Schoß. versuche sie gar nicht zu zähmen, zu waschen, zu kämmen, zu verstehen. lass das Zirkustier hinter diesen Worten jaulen. lege es auf die Fensterbank, schlafen soll es, träumen, soll das Geflüster der Ahornblätter mit den Pfoten nachspielen. lass es, ist müde vom Erzählen, vom Spazieren durch alle Zimmer dieses Palasts, vom Fechten der Stimmen, die in einem Poesiealbum einen Tunnel graben. der Geruch des verbranntem Brots weist die Richtung

in Lebenshänden bin ich nun offen / geschält mit dem Messer der Zeitgesänge! / jetzt wird jedes Wort eine Mutprobe / jeder Blick ein Verdacht in euren Augen

hierhin, auf diese Worte lege ich einen Fluch (mit tätowierten Ornamenten auf der Haut), ich lasse ihn hier, muss jetzt die Flügel des Drachens basteln, sagt mein Vater … komme wieder, versprochen …

ihr werdet mir die Hände fesseln / den Mund zunähen / aber dieses Herz / das hinter dem Leben heult / nach nackten Fingern und Zehen dürstet / werdet ihr nicht mehr still bekommen / es ist nun einmal auf dem Strich gelandet!

die grüne Strickjacke

in diesem Garten haben Schmetterlinge an einem Februarabend / nachdem das schlafende weiße Fohlen unter Flocken aufgefunden wurde / zu Saz getanzt / auf dem Diwan der Derwische lag der offene Sarg / in diesem Garten / auf ihm das grüne Tuch / geschleudert von Gebeten einer Frau / die dieser Welt kein Wort mehr zu sagen hatte / das letzte, was ich von ihr hörte *weder eine Beerdigung noch eine Hochzeitsfeier darf in diesem Leben verschoben werden* / das ist die größte Sünde / ich war damals so alt wie die Schaukel unter der Dachrinne

wisst ihr, wie majestätisch eine Handschrift sein kann? / in diesem Garten / am Eingang / hängt noch der vergilbte Brief zwischen Tür und Rahmen
Liebster Papa,
ich bin jetzt seit 2 Monaten in Deutschland, mir geht´s gut, die
Tarhana-Suppe und der frische Käse fehlen mir ein wenig. habe jetzt einen
Arbeitsplatz in der Fabrik, werde gut verdienen und wer weiß, vielleicht kann ich
mir sogar bald einen Mercedes kaufen. ich lege einen 100-Mark-Schein mit in den
Umschlag. kannst du bitte, wenn du wieder in die Stadt fährst, mit diesem Geld für
Mutter 5 Meter Seide kaufen. sie soll sich ein neues Kleid schneidern lassen und
stolz damit durch das Dorf laufen, stolz wie ein Pfau. noch lebe ich in einer
Arbeiter-WG, wenn ich meine eigene Wohnung habe, schicke ich euch die Papiere
vom Amt, damit könnt ihr ein Visum beantragen. in stiller Sehnsucht umarme ich
euch beide.
Yilmaz / Köln, 1966
wisst ihr / manchmal sind die Jahre schneller auf der Reise als die Briefe

in diesem Garten / auf dem nackten Zweig des Magnolienbaums webt ein Amei-senknäuel Abschiede aus Seidenfäden / und diese Krähen / die verstummt auf dem Fahrrad sitzen / wisst ihr wie viele Sprachen sie verstehen / diese Stille wiegt mehr als alle Sprachen der Welt / und frage jetzt nicht / ob eine Sprache was wiegen kann / ich sah / wie eine Silbe zu einer Walze wurde, wie sie diese Erde zu Leinen formte / vergiss nicht / hinter jedem Leinen kühlt sich eine verbrannte Zunge

in diesem Garten spielt jetzt ein kleiner Junge mit seinem Ball / in dem Riss seiner Hose ist ein Pult angeheftet / dort legt der DJ Ronaldo die Platten von Prince auf / gestern wurde der Junge von seinem Trainer in eine andere Mannschaft geschickt / er muss noch lernen, sich an die Regeln zu halten / später darf er vielleicht wieder zurück / der Junge schießt den Ball über den Zaun und schreit *Tooooooor* / am Abend im Bett sagt er mir:

Papa, wer weiß, vielleicht bin ich eines Tages ein Profi-Fußballer / werde vielleicht soooooo reich sein und kann mir ein Cabrio kaufen, damit fahre ich dich dann zu Aldi, versprochen! und lach nicht, Papa, du weißt, in meine neue Mannschaft kommen nur die Besten
ich hoffe, Schatz, die Jahre sind nicht schneller als die Träume / und jetzt / mach die Äugelchen zu und schlafe / wir haben morgen was Großes vor / ich werde dir den See-Drachen zeigen

und da, hinter dem Fenster sitzt ein Mann am Schreibtisch, zerstümmelt die Worte mit Erinnerungen / schaut aus dem Fenster / sieht im Garten den Diwan der jungen Knaben / auf ihren Nabeln die Kupfergewichte der Sprache / auf einem verrosteten Käfig unter Flocken sieht er die grüne Strickjacke / und denkt / wie viele unsichtbare Knoten dieses Gedicht doch hat

die Gardine (der Junge aus der Provinz)

hinter dieser Gardine, in der benebelten Luft, hängen die gelben Zimmer, verwobene Knotenpunkte, entrüstete Boulevards, Haltestellen, verwirrte Fahrpläne, die auf das Morgenlicht warten. Straßenlichter und ein Junge wandern durch die leere Stadt. und je bunter der Junge seine Phantasien ausmalt, desto höher werden die Festungsmauern. die unbewegliche Zeit verbiegt ihre Silhouette zu quergeschnittenen Blindgassen, zu betäubenden Fabrikhallen, in denen die Arbeiter ihre Abhängigkeit mit Schweiß und gestundeter Sicherheit lindern. die Stempeluhr in der Nabelhöhe ist die Musikbox der Schicksallosen, du lässt auf deine gewechselten Träume den Schichtbeginn abdrucken und dafür prasseln aus tollwütigen Maschinen die obszönen Lieder Stanley Kowalskis. Kleinkunst-Filme werden vor flüssigem Aluminium gedreht, Häuser werden aus Resten des Gegossenen gebaut. der feine Staub baut mit, in der Speiseröhre, in der Lunge. diesen Verlust sieht keiner in seiner Lohntüte, dieser Verlust stapelt sich auf vielversprechenden Aktien. der Junge weiß, in verschwiegenen Kriegen die Heldenrolle zu imitieren, ist keine Münze wert. jeder Fluchtversuch in deiner Brotdose verliert mit der Ermahnung des Gerichtsvollziehers an Frische. mit jedem Beschluss füttert der Junge die Enten am See. dieses Dorf schreibt den Werdegang der Sentimentalität jede Nacht neu: auf die Schaukeln, auf die Ladenschilder, dem Traum bleibt das tragende Gestell aus notierten Zeilen seiner Lieblingsdichter. *die Öfen sind angeschlossen, gegen Morgenstunden wird der richtige Wärmegrad erreicht, lege dich auf den Amboss, lasse dich verbiegen!* im Schaufenster einer Buchhandlung liegen Heimatbücher mit verknicktem Mund. *die Geschichte und Geheimnisse unserer schönen Stadt Nettetal* steht oben auf der Preisliste. die Geschichte unseres Dorfes: der Fabrikabfall bleibt, die Spurenleger übergeben die Schicht. hinter dieser Gardine hängen in der benebelten Luft die gelben Zimmer, in diesen Zimmern hängen Körper, gestopft mit Bauernpornos, Reality Shows, Schlager-Sternstunden, Tutti Fruttis. der Junge bettet sich ein in die Ritze des Kopfsteinpflasters, wartet auf den Programmwechsel des insolventen Dorf-Kinos. Demirkubuz, Kusturica, Almadovar drehen in der ferne neue Filme, hier hängen immer noch die Nightmare-Plakate …

aus dem Tagebuch eines Gastarbeiterjungen, 1995, nur Überflüssiges gestrichen, sonst original

der Spiegel

ich bin es, die Schwester des Berges / weißt du / auf einem Bild von mir, als Kind / über meiner Stirn lächelte ein Koala-Aufkleber / ich bin es / der Falschgeborene / der verstohlene Bastard Heras / entführt und transportiert ins 20. Jahrhundert in einem Gastarbeiterkoffer zwischen Leerraum und Ängsten, transportiert hier nach Deutschland / ich bin es / Dinçer / die Schwester des Berges / meine erste Tat auf dieser Welt: Raqib und Atid, die albernen Beamten Gottes zu bestechen / ich habe den beiden den Trailer meiner Geschichte gezeigt / etwas gefälschte Güte&Sünde in ihre Hände gedrückt / gebeten, mich in Ruhe zu lassen / gute Kerle, die Beiden / sie wissen auch / Widerstand gegen eine Menschenseele, in der Realität sowie in der Mythologie, bleibt immer ein Minusgeschäft / seitdem sitze ich hier / vor deinem irritierten Reflektieren / du verstehst nicht, wieso ich den Zeitstrahl durch mein Leben ablehne / ich auch nicht, ist auch irrelevant / aber du weißt, du, verstaubter Spiegel, du bist mein Ablagerungsmilieu / ich das Fossil, das seit Ewigkeiten in dir nach einer schützenden Bedeutung sucht / bevor ich vor dir stand, steckte ich so als Mikro-Ding in einem wandernden Gletscher / habe vor dem Pascha der Eisbären einen Eid gesprochen / dass ich jede Treue verabscheuen werde / ich habe mein Wort gehalten, frage mich bitte nicht / warum jetzt die Eisberge, die Steppen mit Blut gefüllt sind / warum ich dir das alles schreibe? / ich habe vor ein paar Tagen ein verbranntes Koalagesicht gesehen / deshalb / alles wird beim Alten bleiben / der Eid / die onanierende Reflektion / der Steinschlag auf meiner Brust / die Flamme über meiner Stirn … / ich bin es / die Schwester des Berges …

der Keller

das hier ist nicht mein Leben, das hier ist nur die Zeit, in der ich im Leben der Anderen die Töpfe fülle, das Haus abbezahle, der Zukunft vier Beine montiere dachte sie. *erst wenn die Kinder ihren Weg finden, die Rentenkasse die geliehene Rolle im geliehenen Leben entschädigt, werde ich beginnen, diese Wundertüten zu öffnen* dachte sie und lagerte ein halbes Jahrhundert lang alle Kartons, die sie mit ihren gesparten Münzen bei türkischen Exporthändlern kaufte, im Keller: Wandteppiche mit Motiven aus Tausendundeinernacht, Bodenteppiche mit imitiertem Orient, vergoldetes Besteck, Besteck für ein eventuelles Familien-Picknick, Töpfe mit Teflon, Töpfe aus Edelstahl, Töpfe mit Gummigriffen, Ballen an Stoffen als Ersatz für verlebte Bezüge: Samt, Seide, Leinen, Tüll …
Thermoskannen, Strickgarn in allen möglichen Farben, gehäkelte Tücher für die Vitrine, Kommode, für den Fernseher, für den Tisch, für den WC-Spülkasten, Wäscheklammern, ein Satz Porzellan mit Fliedermuster, ein Satz Porzellan mit Rosenmuster, ein Satz Porzellan mit Zwiebelmuster, ein Satz Porzellan mit Entenmuster, ein Satz Porzellan in Karamell … mit Streifen, Punkten, Quadraten …
(bei der letzten Inventur hab ich jeweils 864 Teller und Kaffeetassen gezählt, sie fragte nur, ob die Endzahl durch 6 teilbar sei, *ja Mutter,* sie war beruhigt, für Salzstreuer, Salatschüsseln, Soucieren, Eierbecher wollte ich eine 2. Liste anfertigen, hier, für diesen Text, ging leider nicht mehr), gestopfte Puppen, gestickte/genähte Sommer/Wintergarderobe für diese Puppen und noch jede Menge Kram.
dann kam im Herbst 2011 dieser Regensturm, zu scharf für die porösen Dachziegeln, mit Eimern und Schüsseln konnte der Holzboden noch gerettet werden, der Keller nicht mehr. um ihr richtiges Leben nicht dem Rost und Schimmel zu überlassen, habe ich einen Container bestellt. am Nachmittag lieferte die Firma den 8 m³-Container. bevor ich ihn mit ihrem richtigen Leben füllte, ging ich zu ihr in das Esszimmer, um zu fragen, ob sie noch irgendetwas retten wolle. sie saß am Esstisch und löffelte ihre Suppe mit einem verbogenem Löffel aus ihrem Lieblingsteller mit abgesplittertem Rand und verwaschenem Elch-Muster.
nein, ich habe keine Zeit mehr für diesen ganzen Kram, gleich beginnt meine Lieblingsserie, letzte Woche hat der Junge des reichen Hauses seine schöne Verlobte mit einer Blondine betrogen. bin gespannt, wie es gleich weitergeht, dieses Arschloch …

das Gedicht

ein Dorf in Ägäis, auf einem Hof spielt ein Mann am Keyboard Tanzlieder, in seiner Einbildung war er vielleicht James Brown, von Haus zu Haus hängen bunte Lichterketten, die Gäste trinken ihre Limos, knabbern Sonnenblumenkerne, neben dem Brautpaar sitzt meine Mutter, drückt ihre Tasche fest in den Schoß, in ihrer Tasche geliehene Goldarmreifen, die Entschädigung für eine belagerte Jugend. *und jetzt bitte ich das Brautpaar auf die Tanzfläche*, ruft James freudesprühend in das Mikrofon. ich beobachte mich, Gedicht, mitten auf dem Hof, die Arme ausgebreitet wie ein orientierungsloser Falke, tanzend zu detonierenden Keyboard-Rhythmen. ich beobachte dich, Gedicht. mit einer Zigarette im Mund stehst du hinter dem Einmann-Orchester, an einer Lehmfassade gelehnt, ich sehe deine Ängste, die wie Polarlichter zwischen meinen ausgebreiteten Armen strahlen. sehe deine scheuen Blicke, in deinen Blicken meine nichtgeborenen Kinder, die einschüchternde Last eines Familienbildes, das geteilte Bett, die Sorgen um die Zukunft, die Entqualifizierung der Worte durch verratene Einsamkeit. *und jetzt alle Gäste auf die Tanzfläche* ruft James. der Weg zwischen uns wird nun mit bestickten Stoffen, mit billigem Parfüm, mit Schweißgeruch, mit toupierten Haaren, betäubendem Gelächter, schadenfreudigen Gratulationen besetzt. zuletzt sah ich einen Bruch deines Gesichts, die Lederjacke unterm Arm, wie du einen Pfad hinuntergelaufen bist. *Gedicht, sehen wir uns wieder?* rief ich dir hinterher, hast du mich gehört? gegen Mitternacht packte James sein Keyboard in den Kofferraum seines durch gerosteten Jettas. der Fotograf gab Anweisungen, in welchen Konstellationen er die schönen Erinnerungen festhalten möchte. er sprach und wir wechselten die Plätze, das aufgeplatzte Lächeln blieb in allen Posen gleich. wir zogen uns zurück in die Häuser, auf dem Hof blieben die verstreuten Plastikstühle, die Schalen der Sonnenblumenkerne, die Limodosen. in der Nacht habe ich ein Mädchen geschwängert, in früher Morgenstunde bin ich aufgestanden, habe den Körper mit Brunnenwasser gewaschen, die Henna blieb in meiner Faust. nahm den Kaffee und Zigaretten und setzte mich ans Fenster. 6 Frauen sammelten sich unten auf der Straße und klagten mit hoher Stimme. ein Marder hatte sich in der Nacht in die Hühnerställe geschlichen, die armen Viecher liegen nun mit geplatzten Herzen auf dem feuchten Boden

der Walnussbaum

am 11. April 2008, einen Tag nach deiner Geburt habe ich diesen Walnussbaum im Garten gepflanzt. am 10. April 2018 wollten wir mit der Verwandtschaft deinen 10. Geburtstag feiern. das Volk versammelte sich im Garten. Tante no 1 rief in Panik *der Walnussbaum ist von Schädlingen befallen, Mädels, hoppp hopppp ran an die Arbeit*, Tante no 2 holte die Flasche mit Chlor aus dem Badezimmer, Tante no 1 die Putzlappen aus der Küche, Tante no 3 einen Eimer Wasser aus dem Regenwassertank. das Chlor wurde im Eimer mit Wasser verrührt, *Antibiotika für den Walnussbaum* nannte Tante no 2 die Mischung, zu Dritt haben sie den Walnussbaum desinfiziert. nach dem Eingriff wurden die Kerzen ausgepustet, die Teller leergeputzt, beim Abschied rief Tante no 1 stolz *jetzt hat er seine Ruhe, wie neugeboren*. der Walnussbaum hat die nächsten 2 Wochen nicht überlebt. meine schöne Tochter, heute ist der 10. April 2020, ich denke an den Walnussbaum und an die Worte eines Indianers
wir werden nie verstehen, warum der Mensch den Menschen, das Tier und die Pflanze getrennt hat

die Bretter im Asyl

manchmal kann ein Waggon lauter sein als die ganze Welt
die Einsamkeit dichter bepflanzt als die Nadelwälder
können die Wehen einer Mutter unterfüttert sein mit bitterkalten Gleisen
kann die Zehenspitze breiter als die weite Steppe sein
und der Traum eigensinniger als ein legiertes Stoßeisen

der Blick kann ängstlicher sein als die Zunge, die Überwachung schmerzender als jede Wunde und dieses Fernweh, dieses sprachlose Warten auf einem unbenannten Stein, das Schweigen des Windes vor der Haustür, die bittere Stutenmilch im Gaumen kann die Zukunft genauer erforschen als alle Enzyklopädien zur Landeskunde

hier Junge, hier liegt das ärmellose Trikot, hier der Tanzgürtel
tanze, Junge, tanze, begieße den Erdenspalt mit deinem Schweiß

manchmal kann die Bühne enger sein als das geteilte Zimmer
der Applaus listiger als das Fuchsauge
können die Bretter dieser Welt unterfüttert sein mit bitterkalten Gleisen
hier kann das Licht dunkler sein als im Seitenflügel
mit jeder Verbeugung kannst du den Dorn vom Fleisch verweisen

die Fremdenzimmer können näher sein als das Zuhause, das Zucken des Fleisches länger als die Pause, das Küssen obszöner als der Fick, die Lebensschuld der Freiheit schärfer als die Chilischote, die Suche nach einem Hafen für die Fracht, das Stopfen des Kissens für den ruhigen Schlaf, das Gift des Vorwurfs überdauern manchmal das Schlüpfen einer Raupe

hier, Junge, liegt die ausgerollte Matratze, hier die Panik der Nachzügler
tanze, Junge, tanze, diese Flucht ist die Choreographie eines Nabelbruchs

manchmal ist das Fliehen der Verrat an den Vater, der leere Stuhl in der Familienstube eine fauchende Beleidigung, die Rückkehr mit gesenktem Kopf, das Stöhnen der müden Knochen, die Ouvertüre nach dem fallenden Vorhang, überklebte Plakate auf Litfaßsäulen, der tiefe Orchestergraben, die fehlende Klaviertaste, eine Geranie im Marmortopf …

tanze, Junge, tanze, die Gebärmutter der Lust ist größer als diese verriegelte Welt

die Schlafkammer des LKW-Fahrers (und sein Poesiealbum)

auch ich habe einen Platz in diesem Leben, hier, ganze 3 qm
hier hängt das Bild meiner Tochter, hier der Pullover, den meine Frau
mir zum 40. Geburtstag geschenkt hat, hier, unter meinem Kissen
die Pornozeitschriftensammlung, hier, zwischen meinen Beinen
das Nuttenparfüm, hier, in meinen Nasenhöhlen der ätzende Geruch
der Raststätten, hier, in meinen Achselhöhlen der Schweiß
der beladenen Paletten, hier, auf diesem Liniendiagrammm
die willkürliche Kontrolle, hier, im Bauchnabel die Muskeln
eines nestlosen Vogels, hier, zwischen meinen Zehen die verewigte
Pilzkultur, hier, in meiner Unterhose der geduldete Urinfleck

und hier vorne, im Fach, zwischen Zollpapieren, Pass, Führerschein,
LKW-Ausweis, Landkarten (ich trau dem Navigator nicht so ganz)
Hustenbonbons, ausgetrockneten Kugelschreibern, hier, zwischen
diesen Pflichtlektüren habe ich mein Poesiealbum versteckt
ihr glaubt mir nicht? ich weiß, diese Sandalen, diese Jogginghose
passen nicht in euer Dichterbild, der Rahmen eines Flaneurs, eines
Weltenwanderers sollte schon größer sein, aber, ich sag mal so
diese Strecken, dieses Warten auf das Aufwachen der Zoll-Beamten
diese Staus, dieser Tachograf, der Messschreiber, haben in all den Jahren
ihre eigenen Akademien gegründet, ein Studium ohne Diplom

es ist gleich Mitternacht, ich werde die Karre zu einer illegalen Bar lenken
ein Glas Cognac trinken, mit hodenkratzenden Kerlen Karten spielen, wenn das
Geld reicht mit Maria vögeln, und dann, ja und dann, was bleibt mir übrig,
mich hinter der Samtgardine in meine 3qm Suite zurückziehen

die Leser*innen dürfen einen Blick in das aufgeschlagene Poesialbum des LKW-
Fahrers werfen. hier der Eintrag von gestern Nacht, an der ukrainischen Grenze,
aber psssst, er darf es nicht wissen. dieses Verbrechen bleibt ein Geheimnis
zwischen uns.

aus dem Poesiealbum:

federlos, jung, mit allen reinen Gewässern war ich angefüllt
meine Träume, die Meere, wer hat sie aus mir rausgeschlürft?

Zweige hatte ich, nestlose Freunde, einen erhobenen Stolz
jetzt suche ich, warte, in Hoffnung, im Glauben, was soll's

Fliegen, Fliegen war die Lehre, über mich, über Menschenköpfe
aber woher kommt der Gegenwind, diese verheerende Dürre?

die Bäume, alte Häuser, geben keinem mehr Schutz
in Versen, Wortspielen, in Reimen ruht die Zeit, in Schmutz

als unendlich gedachte Jugend, alles war nur ein kurzer Atem
ohne eine Antwort auf deine tief verwurzelten Fragen

ein mutterloser Vogel war ich in fremden Ländern
eine Widmung an die Heimat blieb immer in meinen Liedern

lass uns gehen

lass uns gehen / ach lass uns die Feder eines
Pfaus ins Fleisch ziehen die Lippen mit Erdbeeren
trunken unser Kicheln kopieren die Brust
rasieren auf dem rosa Esel steigen lass
uns gehen / lass uns gehen

5:45 Galata Turm

mit dem Strichjungen laufen wir die Kopfsteinpflaster runter zum Goldenen Horn
setzen uns auf eine halbwüchsige Bank
eine alte Frau kommt, bittet um Zigaretten
ich gebe ihr 3, ohne ihr ins Gesicht zu schauen
der Mann aus der Bude fragt, ob wir Tee wollen
2 Gläser, rot wie Kaninchenblut, rufe ich zurück
der Kunde wollte, dass ich ihm in die Warzen beiße und das Blut ablecke
der Aufschlag war in Ordnung, der Tee geht auf meine Rechnung, Dinçer
ich halte mich still
deine Stille, Dinçer, sagt viel, aber weißt du, ich nehme meinen Kunden nichts übel
was wir Vernunft nennen, ist nur der Joker des Teufels
und oft sind die Blicke der Engel tödlicher als jede Unterwürfigkeit
das Verstehen ist unsere Kunst, nicht das Ficken
der Mensch ist nun mal ein Tempel der Geheimnisse
vor zehn Minuten war Schichtende
alle Huren dieser Stadt zählen jetzt ihr Erspartes
ich zünde eine Zigarette an und stecke sie in seinen Mund
der Mann vom Teehaus bringt die beiden Gläser
die Sonne liegt auf dem Wasser kaninchenrot
eine Fähre tuckert zwischen den Kontinenten
zwei Delphine drehen Pirouetten
wir bestellen noch mal Tee
das Märchen findet seine Helden

Der Gott in der Gaysauna

Bismillahirrahmanirrahim
(im Namen des barmherzigen Gottes beginne ich meine Tat)

Dinçer:
diese Nacht, lieber Gott, wollte ich dir einen Brief schreiben
du wirst ihn nie zu lesen bekommen, sei unbesorgt
vielleicht wird auch kein Brief daraus
egal, was ich schreibe, der Mist wird hier bleiben
als Kind, in einer schutzlosen Ecke einer Moschee
vor einem sabbernden Hodscha habe ich mir deine Adresse notiert
sei unbesorgt, der Zettel ist längst Asche

Chor der jungen syrischen Männer:
wir sind die Splitter eines Granatapfels, die Brandlöcher dieser Liegematten
wir sind die erregten Phallen (ohne Vorhaut), die sattellosen Araber der Flucht
werden begehrt, gepfändet, geleckt, gelutscht, bis zum letzten Tropfen ausgesaugt
unser Samen: der doppelgebrannte Whisky auf diesem Festmahl
unsere Haut: die Orgien-Kabinen Europas …

Dinçer:
der Mensch hat dir den falschen Spiegel gestellt. schäme dich nicht für deinen Tod,
lieber Gott

Chor der jungen syrischen Männer:
die Sonne geht im Osten auf, hier geht sie unter, vor hungrigem Begehren in
blassen Armen der gesichtslosen Seelen, in eingecremten Stellen, im Stöhnen
guter Väter

Dinçer:
die Wale haben mehr gesehen/gehört als du, als ich. auch die Meere faulen,
lieber Gott, die Meere faulen vor Diplomatie, wusstest du das nicht? woher auch …
schäme dich nicht für deinen Tod

Chor der jungen syrische Männer:
Väter, die abends ihren Kindern Märchen vorlesen, ihren Frauen Orchideen schenken
in ihren Chefsesseln die Zukunft sichern, auf Karnevalszügen zu Prinzen werden
in Opernhäusern vor Langeweile an ihren Eiern kratzen, in ihren weißgestrichenen
Räumen Pornos halluzinieren, die keine andere Freiheit als ihre Apple-Geräte besitzen
lieber Gott, unsere Körper sind die unermeßlichen Weiden deiner besorgten Kinder
lieber Gott, wir sind die Erlöser dieser vergitterten Körper, sei nicht böse auf uns
wir sind deine Kämpfer, rollen die prickelnden Kondome über unsere Schwänze
vertreten dich, richten deine Macht wieder auf, werden zu Märtyrern des Korans

Dinçer:
diese Nacht, lieber Gott, fiel ein Stern auf meine Brust. davon stirbt man nicht
diese Nacht, lieber Gott, sah ich, der Schützer ist auch der Mörder, davon stirbt man
schäme dich nicht für deinen Tod

Sadakallahülazzim
(Im Namen des barmherzigen Gottes ende ich hier meine Tat)
Amin

lass uns gehen, Ali

das gebügelte Hemd, die ranzige Angst, das schützende Naphthalin, lass alles hier
nimm unser Lied, unsere Lippen, unsere Nacht und die Stoff-Giraffe,
lass uns gehen, Ali, lass uns den Flamingos folgen, mit Nachtfaltern übernachten
die Brise schultern, mit Eidechsen tanzen, in Flüssen baden
lass uns einen Esel klauen, die Huren besuchen, mit Huren weinen, mit Cowboys
schlafen
wenn wir sterben sollten, soll keiner trauern, deshalb, nirgendwo Spuren hinterlassen
lass uns gehen, Ali, der wütenden Erektion dieser Welt einen Kuchen backen
Ali, wir sind die Bastarde von Schahmaran
die Sünde baut in unserem Traum ihr Haus

im Schlitz von zwei Bergen hat man Ali mit einer Kugel in der Brust gefunden
in einer Hand den Abschiedsbrief des Geliebten, in der anderen ein marmoriertes
Blutmuster, sentimentale Lieder hat er gemocht, auf den Wunschkonzerten
war er die Nachtigall der Sonnenaufgänge, in tauben Nächten hat er sich sogar
geschminkt, die Tränen waren seine Wimperntusche, mit Zähnen hat er in das eigene
Lippenfleisch gebissen, rot war sein Mund wie Erdbeeren, der blumige Schmerz war
sein Abendhemd, die Mutter, die er nie zu vergessen wagte, hatte er wegen des
Geliebten vergessen, seinetwegen trank er Liebesgedichte unter schweren Decken
seinetwegen hat er die Zähne geputzt und die Schamhaare rasiert

Ali, wir wissen, jeder Brunnen birgt Geheimnisse der ausgestoßenen Kinder
jede Mauer birgt eine weinende Blüte, jedes Gedicht ein neues Gemetzel
jede Schleuder den Blick eines Flügellosen. lass uns gehen Ali, bevor der Tag anbricht
lass uns Schande über die Welt bringen, unsere Unterhosen ins Feuer werfen
die Meere ins Feuer schütten, den Himmel ins Feuer kippen
wenn wir sterben, darf diese Erde nicht fetter werden
lass uns gehen, Ali. lass uns vor den Karren dieser bestochenen Ordnung scheißen
Ali, wir sind die dunklen Brüder des Ödipus
die Sünde baut in unserem Traum ihr Haus

im Schlitz von zwei Welten blieb sein Herz seine Religion und ein Bad mit Schneeflo-
cken bedeutete sündenfreie Vereinigung. die kochende Milch im Brustkorb hat er mit
eigener Zunge gerührt und nie um einen Löffel gebeten, im eigenen Schatten hat er
die Sonne angezündet, in einer Hand hielt er den Abschiedsbrief von wollüstigen
Nächten von süßen Träumen, vom Vanillegeruch der Manneshaut, auf allen Wunsch-
konzerten sind die Lieder nun noch tiefer, zerbrechlicher und märchenfremder

auf diesen Bergen, Ali, auf diesen Bergen hängen die Wäsche von jungen Männern
die Tränen, die Sehnsüchte, alle körperlos. du weißt, Soldaten dürfen keine Gesichter
tragen. du weißt, der Heldentod gehört nur der Uniform, das Gefühlte können nur
die Ameisen und die Raubvögel empfinden. nur die Ameisen und die Raubvögel
werden um dich trauern. der Wind wird deinen Geruch sammeln, der Wind wird durch
alle Betten in der Kaserne wehen. die Hinterbliebenen werden mit deinem Geruch ein
Gesicht bekommen, nur für eine Nacht. sie werden am nächsten Morgen errötet die
Körper waschen und die Welt nicht verstehen
lass uns gehen, Ali, lassen wir uns von einer Nelke verführen
Ali, wir sind die Handschrift eines verlorenen Dichters
die Sünde baut in unserem Traum ihr Haus

zwischen seinen Wimpern hat der Zug des Lebens Dampf gelassen, eine verlorene
Sicht vor dem Nelkentanz. Ali, die Nachtigall der Sonnenaufgänge, ist gegen die
Rose geflogen und mit einem Dorn im Herz liegt er jetzt zwischen zwei Bergen
stumm, ein ironisches Lächeln im Gesicht schwankt zwischen Lila und Blau, die Tusche
auf seinen Wimpern ist nicht zerronnen. der rote Mund will Dünger spenden dem
kahlen Boden. als der Wind ihn in der Leichenhülle aus Mensch fand, suchte der Staat
die verlorene Kugel. als ihm die Hoffnung aus dem Leib brach
war es kurz vor Sonnenuntergang

das Lied von Ali und Dinçer

diese Welt, Liebster, ist nur ein Versteck
diese Welt ist das Schweigen der Erde
diese Welt ist das Brennen des Wassers
diese Welt ist das Verdunsten des Feuers

lass uns gehen, Ali
lass uns die Feder eines Pfaus ins Fleisch stecken
die Lippen mit Erdbeeren tränken
unser Lächeln toupieren
die Brust rasieren
auf den rosa Esel steigen
lass uns gehen, lass uns gehen …

Ich bin ein deutscher Dichter (Bastard) mit Migrationshintergrund …
den Weihnachtsbaum schmücke ich mit Feigen / Datteln und Dönerblättchen /
mein Pony füttere ich mit Gummibärchen …

Dinçer: Aladin, im Mund trage ich Messerschnitte aus der Nacht
hüte dich vor meiner gefälschten Wunde: ich bin das Volk!
sage dem Dschinn, der Himmel wurde gerodet
entwurzelte Sterne düngen den Knoten des Worts

Aladin und der Knabenchor: *die Stille tragen wir im Brustkorb / in ihr lodert das
Feuer / wir möchten ins Meer geworfen werden / brausen auf der Mähne der
Wellen / möchten zur Erde gespült werden / tot da liegen, wie müde Steine /
dies ist kein Kampf / weder der Niederlage noch dem Sieg / wollen wir ins
Gesicht sehen*

Dinçer: ich habe meinem kaputten Vater einen Brief geschrieben
er soll sich keine Sorgen um uns machen, hier gibt es Demokratie
hier gibt es für jeden Papagei den sichersten Käfig, Biosamen und so'n Scheiß
und Bildungsbürger, die sich für Schmetterlinge halten: Ave Maria im darkroom

Aladin und der Knabenchor: *selten wird aus einem Traum ein hoher Berg / an
dessen Rücken wir wilde Blüten pflücken / nie verfällt die kindliche Seele der
sicheren Reife / hinter uns wirbelnde Staubwolken / die Flucht wird ergriffen*

Dinçer: habe ihm geschrieben, die Welt wird immer lauter
eine Drohne, die im Fleischwolf gedeiht: das Erbe Abrahams
mein Pony, o my little Pony jingele bells, jingele bells …
zielt mit seinem erregten Pimmel auf den Mond, Rocco's Milchstraße

Aladin und der Knabenchor: *der Wind; unser Brot, unser eisiges Wasser / mich
kann kein Prügel halten / lieber zertrümmern wir das vertraute Heim*

Dinçer: komm zu Tisch, ich backe Börek für uns, ich fülle die Rakigläser, şerefe!
wir Eliten, wir Integrierten, holala! weg mit dem Kadaver, ich hole den Kaviar …
die Arbeit wartet, in der Dämmerung nehmen wir den fliegenden Teppich, Darling
und scheißen eine Runde auf die Asylheime, das Vergessen braucht neue Räume

Aladin und der Knabenchor: *natürlich ist die Einsamkeit unser teuerstes Gut / wir geben ihr einen Tritt, bekommen Tritte zurück / aus rohem Wort entbinden wir die Wunde / kehren zu uns zurück und bekehren die Welt / finden uns an einem Abgrund wieder, packen den Verstand / werfen ihn in die hungrige Tiefe*

Dinçer: zieh dich aus und komm her, die Beute zwischen unseren Schneidezähnen pocht für eine alte Geschichte. lass uns gegenseitig in die Schenkel beißen zieh dich aus und tanze gegen das Gedächtnis der Wolken, tanze, tanze … über uns bellen die Fruchtfliegen: wir sind die Opfer dieses Gedichts

Aladin und der Knabenchor: *denn auch wir haben das Wasser aus dem Tonkrug geschlürft / auch wir besteigen die Sterblichkeit zwischen dem Hier- und dem Fernsein / letztendlich ist es eine ewige Trunkenheit / ob du dich in den heiligen Fluss legst oder in den bitteren Wein*

Dinçer: und warum weint jetzt mein Pony Suren in Elses Knabenkostüm, warum … zieh deine Warnweste an und knete meine Warzen mit deiner flotten Zunge lass uns eine zweite Milchstraße in den Himmel spritzen, doppelt hält besser lass uns in der Dämmerung unser neues Europa feiern, unsere Welt sind die Berge

Kameramann: cut, pleaase! was war das denn für'n Scheiß?

Keiner antwortet. Rocco (french hengst) läuft unter die Dusche. Eine Putzfrauen-Company verteilt sich am Drehort und schrubbt, wischt, poliert alles. Der Regisseur kündigt dem Drehbuchautor. Kafka und Marilyn Monroe spielen Tischtennis. Dinçer, Aladin und der Knabenchor gehen Döner essen. Else singt ihr Lied: *Dein sünd'ger Mund ist meine Totengruft …* The End!

alle Schmetterlinge vögeln mich
(ein Orient Rap)

alle Schmetterlinge vögeln mich, dieser Blitzschlag ist mein Stöhnen
morgens muss ich mein Arschloch mit Gedichten föhnen
wie ein verwundeter Panda krabble ich auf das Thrönchen
weine Kamelpisse, wasche mich, küsse mein Söhnchen
die Arschlöcher verbinden den zarten Jungs die Augen
werfen sie *Allahu Ekber* von hohen Dächern auf den Boden
spucken auf tote Blüten, kratzen sich grinsend die Hoden

damit sein blutender Körper auf allen Straßen die gewaltige Schrift der Frommen
hinterließ, haben sie an die Mähne des wilden Fohlens die Hände des jungen
Mannes gebunden und dem Tier wütende Peitschenhiebe verpasst. seine Schuld:
dieser junge Mann soll auf einen anderen Jungen einen Blick geworfen haben, er
hat ihn zu den Mandelbäumen eingeladen, die auf der Höhe des Dorfes stehen.
der Entflammte ging als erster zum Treffpunkt, mit einem verschämten Liebesbrief
in der Hemdtasche. er wusste wohl, seine Zunge wird sich verknoten. später
kamen der Verehrte und hinter ihm das zügellose Männervolk, allen rann der
Speichel aus dem Mund. der Entflammte wurde an den Baum gedrängt, zwei
haben ihn von hinten festgehalten, der Rest hat mit den Krallen eines Wildvogels
ihm die Hose heruntergerissen. damit sich die Welt wieder zum Pol der Güte
dreht, damit die entehrte Erde in ihre Schichten fällt, wurde die knospenfrische
Lust mit lauten Gebeten zwischen den faulen Zähnen und mit einem jaulenden
Amen gestutzt. der Gottesprediger lief zum Minarett und deklamierte mit
bleischwerer Stimme:

*Ihr, die Gläubigen, hört zu! Wo der Geist sein Versteck beim Teufel sucht, da fällt
der scharfe Blitz des Gottes!*

*als die vertrockneten Mandeln zur Erde fielen, verwandelte sich die nackte Leiche
des jungen Mannes in eine Raupe. die kaltäugigen Wasser bekamen eine Röte,
die Röte gebar die Liebe und die Liebe verwandelte sich in einen bunten Schmet-
terling. der Schmetterling flog flatternd zwischen den kahlen Ästen in den Himmel,
am Himmel ist er geblieben. seitdem ist die Erde dem Feuer geliehen*

Brüder! Bilal war ein Strichjunge, Mohammeds Spucktopf
Dschihads Epilogschreier, der immer geile, lutschende Kopf

abends fahren Schiffe vor den Fenstern, ich seh
sie gefüllt mit Schokolonbons, Paradiesäpfeln,

Zuckerwatte nein, tauche nicht ins Meer,

Junge, die Bojen trügen, nicht dem Wasser

hinterherschauen, zeitlos schlüpfen, den ersten

Verrat üben aber ... aber eine andere

Vergangenheit hab ich nicht

Mein Prinz, ich bin das Ghetto

mein Prinz, feuchte meine Zunge, flicke meinen Blick
nimm mich mit in deine Großstädte
in die Kabinen, zieh das Polyester, ziehe die Scham aus
radiere die Brandlöcher auf meinen Fingerspitzen, taufe mich mit unerhörten
                                                            Namen,
einer von uns beiden muss es ja wagen, das Schweigen hier steht auf dem Tisch
wie zerbrochenes Glas
wie zerbrochenes Glas, toupiere meine Sprache
ziehe das Kajal über meine Warzen
mein Prinz, der Wald, die aufgebrochene Tür, der ewige Nebel über dem See
sollen warten, nimm mich mit, bis dahin warte ich in diesem Akzent
in Höfen, Gassen, im Kräutergarten
rupfe ich die Gänse, lutsche die Schwänze
siehst du, wie ich, gelehnt an einer feuchten Mauer, die Tage zähle …

Deutschland, du verkrochener Vater, seit Mittwoch bin ich unterwegs, esse, trinke, lache, rede mit Freunden, lese&brüte Gedanken in Fremdenzimmern aus. und immer wieder denke ich an die Jungs, die einen schönen Abend in einer Shisha-Bar (früher nannte man sie Teehäuser) verbringen wollten. dann denke ich an dich, Deutschland, ich denke an dich und erschrecke mich jedes Mal. ich glaube nicht mehr an den Geist, den du uns bei jeder Gelegenheit mit blendenden Bühnenbildern aufgeführt hast. Dieses selbstverliebte, strengkomponierte Hologramm ohne pochendes Fleisch&Blut

in der Schürzentasche meiner Mutter sind noch ein paar
fettbeschichtete Münzen
nimm mich, lehre mich neue Lieder und irdische Sünden
nimm die Pinzette, zieh den eingefleischten Floh aus dem Herz
sein Ruhm soll ewig obdachlos bleiben
ich packe Unterwäsche in die Aldi-Tüte, Socken, Salzstangen, Kekse
und einen billigen Gedichtband, dir gewidmet
mein Prinz, ich bin das Mängelexemplar, binde mich neu
gib mir einen neuen Titel, jetzt, wir müssen uns beeilen
eine Schale Pommes, wenn die Münzen reichen, mit Mayo
wird uns diesen Traum verzeihen
verstehst du mich?

im Winter warf ich meine Brottüte in eine am Straßenrand stehende
Blautonne, nach zwei Schritten hörte ich eine eiskalte Stimme aus einem der Fens-
ter *das wird eine Anzeige geben, sie haben meinen Besitz ohne Erlaubnis verwen-
det, glauben sie ja nicht, dass sie sich hier alles erlauben dürfen!* ich sah in die eis-
kalten Augen des Mannes, ich sah die Angst/Aggression, ich sah den besitzsüchti-
gen Blick, der ein Leben der Buchhaltung gewidmet hat, ich sah dich, Deutschland
eine Brottüte wurde auf einmal die inakzeptable Last der Welt. das hast du mit
deinen Menschen gemacht, Deutschland! ende des Jahres hast du mit Milliarden
Überschuss geprollt, kannst du dich an die Schlagzeilen erinnern? und was war die
Rechnung dafür: Rentner, die ihre Mieten nicht mehr zahlen können, Arbeiter, die
von Leihfirmen für Almosen hin- und her geschleudert werden, wuchtige Geschäf-
te mit allen Diktatoren der Welt. du zeigst dich großzügig, amen, gibst geflüchte-
ten Menschen ein Dach über dem Kopf … Deutschland, diese Menschen sind vor
Panzern geflohen, die du produziert hast

wenn du auf eine Reise gehst, packe dir eine saubere Unterhose in die Tasche
wer weiß, wann du ankommst, ob du überhaupt ankommst
so die Mutter zu ihrem Sohn
das war ihre Liebeserklärung, mehr an Worten gab es nicht
das ist ein kleines Detail, aber in dieser Aufforderung
wirst du meinen Status erkennen
so wirst du mich vielleicht besser verstehen

du nimmst dir das Recht, Akten über die Rechtsterroristen bis ins Jahr 2134 unter Verschluss zu halten. mit welchem Recht? es sind unsere Kinder, Mütter, Väter, es sind unsere Menschen, die ermordet wurden/werden. du schuldest uns Transparenz, wir können dir nur glauben, wenn du auch an uns glaubst, uns die Hand gibst. wie viele Jahre haben wir jetzt wieder verschwendet, um über die fruchtlosen Geschwätze einer Partei von Hinterbliebenen der Ofenwächter zu diskutieren. und was alles hätten wir in der Zeit zusammen heilen/aufarbeiten können?

mein Prinz, sollen wir den Nordpol stürmen, bitte!
wir könnten mit Pinguinen Schlitten fahren, uns mit Limo besaufen
beobachten, wie die verstorbenen Kinder Bachs mit Laternen
durch die Nacht rennen, wie sie in Abwesenheit des Vaters glimmen
alle zusammen einen Chor gründen
die Matthäus-Passion brüllen, dazu Şıkıdım tanzen
in Augen der Eisbären die Panik studieren
dem schmelzenden Boden Nachrufe singen
oder aber, mein verehrter Prinz
wir bleiben zu zweit, reiben aneinander das Fleisch
durchbrechen das verbliebene Eis
all diese Provinzlust, dieser Kindeswunsch
sind die zertretenen Sandburgen aus einer alten Zeit
hab keine Angst vor vulgären Verbrechen

glaube an uns, Deutschland, glaube an diese Menschen. versuche nicht, uns mit deinen Gesetzen, Regeln, mit deiner Politik im Karnevalskostüm Distanz beizubringen, die haben wir genug auf platzende Mikrofone gesprochen. wir wollen berühren, den Atem spüren, ist das zuviel verlangt? du glaubst an dein System, an deine Struktur, an die Maschinen, an die Labore, an die Gewinne … amen! denke bitte auch einmal an die Menschen, die zwischen diesen Rädern zugrunde gehen. es hätte auch schöner werden können. du übergehst diese Möglichkeit, kapitulierst vor der Angst, vor dem Dämon auf dem Bild, dass du mit dem harten Pinsel ausgemalt hast. wir, Menschen, fehlen in diesem Bild, Deutschland entweder jetzt sofort muss das Eis gebrochen werden oder der Riss zwischen uns bleibt ewig bestehen, wie ein Schnitt auf der Stirn, wie eine Gedenkstätte mitten auf dem Marktplatz

der Riss, verewigt mit einem Blumenkranz

       vergiss bitte nicht: ein Staat kann nicht nur mit Versicherungen, Verträgen, Regeln, Ordnung, Anweisungen auf den Beinen gehalten werden. die Seele darf nicht von Angst gefressen werden, hier ein Gruß an Fassbinder! ein immer berechnender Organismus ist früher oder später zum Tode verurteilt, hinterlässt Schäden, auch die letzte Schutzmaske wird uns dann nicht mehr helfen. Deutschland, komm raus aus deiner Kaserne, es gibt keine unschlagbare Mauer auf dieser Welt. schminke dir diese synthetische Vaterrolle ab, zeige deine Schwächen, deine Wunden, lass uns einfach an dich glauben. wir packen mit an, glaub mir, der Mensch ist stärker als jede Ignoranz

       den glatten Scheitel, den gebügelten Anzug, die Seidenkrawatte haben wir genug gesehen, an diese pseudo-starke Pose glauben wir nicht mehr. beim Schreiben dieser Zeilen empfinde ich Scham, mehrere Menschen haben in den letzten Tagen (Wochen, Monaten, Jahren) ihre Kinder, Brüder, Schwestern verloren. diesem Schmerz kann keine Zeile der Welt gerecht werden. die Kosten dieser Scham übernehme ich und lasse die Zeilen hier stehen, vielleicht hast du eines Tages den Mut, diese in deinem Spiegelbild zu lesen

ein Gastarbeiterkind

in einer Literaturzeitschrift wird meine Herkunft genannt
und nebenbei, dass ich ein Dichter sei
wie dilettantisch diese letzte Erwähnung ist
wer weiß, vielleicht ist es gut für einen Best-of-Migrantenpreis
mein Prinz, komm und schenke mir eine neue Jogginghose
und rote Nike-Schuhe, natürlich darf alles gefälscht sein
du weißt, wo du mich findest
in 1€ Läden, in Spielcasinos, an Bushaltestellen (natürlich Schwarzfahrer),
in Dönerbuden, auf Hochzeiten, in langen Konvois, in verruchten Milieus,
in vergammelten Kneipen, in verdächtigen Akten
außerhalb der Zentren, in einem Pavillon
als Schrotthändler
komm und zeig mir, wer ich bin
du siehst, in allen Brennpunkten bin ich der abgelehnte Widerspruch

mein Prinz, diesen Text habe ich an dich geschrieben
halte ihn bitte unter Verschluss, so sind wir beide geschützt

p.s. auf dem Bild siehst du den Garten. dieser Garten ist mein Deutschland. ja, hier siehst du viel Unordnung, alles ein wenig verwegen, die Mülltonnen haben weder eine eigene Garage noch Schlösser. bald kommt der Frühling, dann wird hier wieder mit dem Pastor Kaffee getrunken. die Leute vom Theater werden kommen, Dichter, Nachbarn, Verwandte, dann wird hier geprobt, wir werden zusammen Gedichte sprechen, Lieder singen, wir werden uns zum Affen machen, über unsere Macken lachen, über Abschiede weinen, Speisen aus aller Welt kochen … glaube mir, Deutschland, diese kleine Fläche kann oft größer/ bunter sein als die Hinterkammern deines Parlaments

Zum Abschied : das Tagebuch des Nachtfalters

in meiner Erinnerung
wächst nur das Efeu auf der Wohnzimmertapete
alles andere muss noch eine Sprache lernen
wann wird sie aufwachen, die Mutter
mehr Vergangenheit hab ich nicht

mit dem Schürhaken steht sie vor dem Gussofen
mit ihrer Waffe schiebt sie den Ring zur Seite
die Obstschalen in Zeitungspapier gewickelt
mein Blick, meine Handschrift landen im Feuer
wer hat diese Gedichte geschrieben

ihre geblümte Schürze, übersät mit Brandlöchern
weht wie eine Stutenmähne durch stille Räume
in der Pfanne das gebrannte Gänseei
im Türrahmen die seidenen Puppen
wie viele Jahrhunderte kann man das Schlüpfen verschieben

wie wird der erste Flug sein von hier bis zur Haustür
wie viele Flügelschläge will der Sekundenzeiger hören
ich ahne, unter jedem Stoffbezug in diesem Haus
wartet das Chamäleon auf den schnellen Sturz
lass mich bitte ewig in diesem Fruchtwasser baden

Oma ist zu Besuch, sie liest Suren aus dem Koran
in ihrer Stimme heult ein Wolfsrudel für den heiligen Krieg
elif, der Rücken des ersten Buchstabens ist messerscharf
und in Gebeten atmet der Wunsch nach dem Dschihad
ich wollte aber an nichts glauben, nur an meine Handschrift

abends die Fingernägel knipsen, soll den Teufel verführen
Eierschalen bekommst du in der Hölle als Trinkbecher zurück
gefüllt mit glutflüssigen Sünden, deshalb immer schön zermahlen,
wasche dich nie nackt, der Teufel führt seine Zunge in deine Scham
so sprach die Oma, die Hure Gottes, und ging nach Hause
jeder muss seinen Schöpfer kennen, jeder muss seinen Schöpfer töten

abends fahren Schiffe vor den Fenstern, ich sehe sie
gefüllt mit Schokobonbons, Paradiesäpfeln, Zuckerwatte
nein, tauche nicht ins Meer, Junge, die Bojen trügen, nicht dem Laster
hinterherschauen, zeitlos schlüpfen, den ersten Verrat üben
aber … aber eine andere Vergangenheit hab ich nicht

ich bin der Nachtfalter, und wer sind sie
wenn ich Dinçer heiße
wer hat dann diese Gedichte geschrieben
antworten sie bitte auf script@elifverlag.de

der Splitter (Bonus)

beim Waschen stolpert der Finger über den
Splitter, oder in Deinem fliegen über die Städte.

27.10.20
Vogel in Deinem Fleisch sind schmutzig
gebaut hat. dieser Kreuzberg sein Zelt
Die Straßen dieser Stadt und Platt-
hohen Festung sind, Manchmal geteilt. Manchmal
Die Menschen, manchmal Herrscher einer
diesen Lastmauern verzagde, wie du...

Fatma

Liebesbrief arabesque@raki.de

eingewickelt, schweißgebadet liegst du hier: ein Steinschlag. das Kissen und die
Decke kennen jede Gosse, den Verlust, du denkst an die salzige Haut, führst die
Zunge über deine eigene, auf eine stoppelige Brust legst du deinen Kopf, riechst
die gesiebte Erde, weinst wie ein fieberndes Kind. bleib hier, lass mich nicht allein.
nur mit deinem Geständnis werde ich diese Sünde abwaschen können. so jaulst
du wie ein Schlosshund. das Kissen und die Decke hören dich, alles andere bleibt
vergebens. der Wind räumt das Meer frei, zieht die Schiffe in den Hafen, das Meer
gebärt den Drachen, du weißt, unerwartet wird er auf deinen Schlaf sein Feuer
spucken. dein Wissen wird dein Verhängnis, dein Feuer. das Warten der ewige
Brand auf deiner Haut

ich bin kein Dichter, bin der Berg, der dem Wind das Pfeifen gestohlen hat

die selbsterrichtete Mauer vor deinem Begehren erlöst ein Dschihad, und wie
der stehst du mit nickendem Kopf vor deinem eigenen Schwert, vor deiner Wut,
vor deiner Angst. wie ein brennender Flügel ohne Körper suchst du in deinem
Schweigen die Richtung. zu fünf Zeiten wäschst du dir den Körper. beim Waschen
stolpert der Finger über den Splitter, der in deinem Fleisch sein Zelt gebaut hat.
dieser Splitter wird zu einer hohen Festung … Unzählige Herrscher haben an
diesen Mauern versagt, wie du …
Komm, befreie mich aus diesen Flammen, die im Inneren neue Kolonien besetzen.
ich bitte dich, löse das Urteil von der schweren Gardine deiner Blicke ab. lass mich
nicht warten, in kalten Zimmern meiner Kindheit

ich bin der Fluch eines Zwergs, dem ich die Balletschuhe gestohlen habe

das Kissen und die Decke ziehen in andere Betten um, nur der Splitter bleibt, der Drache spuckt sein Feuer ins Fleisch. der Traum lässt mich wieder nackt vor mir stehen. du hast dich für diese Hingabe entschieden, höre meine Stimme, meine Stimme, das Zerren des Holzes im Baumstamm. nicht der Allmächtige, den du zu fünf Zeiten am Tag anbetest, nicht seine Engel, seine Propheten, die heiligen Bücher sind es, nur ich, ich bin dein Brennen, dein Babylon. deshalb bleibe ich mir auf jeder Suche ein neuer Fremder. deshalb graviert jedes Gebet neue Sünden in mein Register. deshalb erlerne ich in Sehnsucht nach deiner Haut die neuen Sprachen des Schweigens. wie ein verwirrter Welpe führe ich meine Zunge dauernd über meine Scham. deshalb bleibt dieser Splitter der Kompass, der mich führt

ich bin der entzündete Zeh, der angewurzelte Splitter, vergib mir

sei Schnitt

sei Schlitz

sei Wunde

heile dich mit eigenen Liedern

Aus Glut geschnitzt · Dinçer Güçyeter
Gedichte
120 Seiten, ISBN 978-3-946989-09-7

... zauberhaftes cross-kulturelles Werk, das nicht nur Ost und West verbindet, es vereint
ebenso Hiersein und Flucht, Realität und Traum, Verborgenes und Offensichtliches.
„Aus Glut geschnitzt" ist ein sprachlich großartiges Buch eines leidenschaftlichen Dichters.
Matthias Ehlers, *WDR 5 Bücher*